Kurt Scherer

Weil Gott an meiner Seite ist

Mutmachendes für die Seele

mediaKern

Vorwort

Die folgenden Geschichten, eigene und Erfahrungen anderer, Parabeln, Lebensweisheiten und Bibelworte wollen Mut machen zum Nach- und Weiterdenken, zum Um- und Neudenken.
Durch einfühlsame Seelsorge an der eigenen Seele werden wir zugerüstet zum verständnisvollen Begleiten anderer, denen Kummer, Konflikte und Krisen zu schaffen machen, damit sie nicht aufgeben, sondern Mut gewinnen zum Aufstehen, zum Neubeginn und Weitergehen!
Ein Weg beginnt, indem man ihn geht. Und neues Land kann man nur einnehmen, indem man das alte verlässt. Das sagt Gott nicht nur dem Josua zu, sondern jedem, der ihm vertraut:
»Siehe, ich habe dir geboten, dass du getrost und unverzagt seist. Lass dir nicht grauen und entsetze dich nicht; denn der Herr, dein Gott, ist mit dir in allem, was du tun wirst« (Josua 1,9).

Diese Erfahrung wünscht Ihnen von Herzen
Ihr Kurt Scherer

Ein Artist hat in einer Stadt sein Hochseil gespannt. In schwindelerregender Höhe führt er den Zuschauern seine Kunststücke vor. Nun schiebt er sogar eine Schubkarre über das Seil. Die Zuschauer halten den Atem an. Als er am anderen Ende des Seils angekommen ist, brandet lauter Beifall auf. Der Artist beginnt, zurückzubalancieren. Doch plötzlich hält er an und fragt: »Glauben Sie, dass ich die Schubkarre wieder auf die andere Seite schieben kann?« Die Angesprochenen halten seine Frage für einen Scherz und rufen: »Natürlich, du hast sie doch auch herübergebracht.« Aber er gibt sich mit ihrer Antwort nicht zufrieden und fragt ein zweites Mal: »Glauben Sie das wirklich?« Wieder antworten sie: »Ja, natürlich kannst du das.« – »Dann«, sagt der Artist, »kommen Sie doch zu mir herauf und setzen sich in die Schubkarre.« Niemand folgt der Aufforderung; nur ein kleiner Junge traut sich. Gefragt, wieso er das tut, antwortet er: »Er ist doch mein Vater!«

Vertrauen zum Vater im Himmel ist die Grundlage für das Wagnis des Glaubens. So erfahren wir, dass er Wort hält und das auch gerade über den Abgründen unseres Lebens!

Werft euer Vertrauen nicht weg, welches eine große Belohnung hat!

Hebräer 10,35

Eine alte Geschichte will uns lehren, dass Beten immer seinen Zweck erfüllt, auch wenn wir hin und wieder unsere Bedenken haben, weil wir keinen »Erfolg« sehen. Einer, dem es so erging, suchte einen Weisen auf und bat ihn um Hilfe. Der gab ihm einen schmutzigen Weidenkorb und schickte ihn damit Wasser holen. Doch als der Mann zurückkam, war der Korb leer. Der Weise schickte ihn noch mehrmals zum Wasserholen, doch der Korb blieb jedes Mal leer. Ungeduldig, ja verärgert sagte der Mann schließlich: »Was soll das? Du siehst doch, mit dem Weidenkorb kann man kein Wasser holen!« Der Weise antwortete: »Du hast mir zwar kein Wasser gebracht, aber schau: Der Korb ist sauber! Ebenso ist es mit dem Gebet. Auch wenn du nichts in Händen hältst, das Beten hat dich doch gereinigt!«

Unser Beten hat eine heilsame Wirkung. Auch wenn wir dabei keine spektakulären Erfahrungen machen, wird doch unsere Verbindung zur Quelle des Lebens immer gereinigt! Nichts ist wertvoller als eine »saubere« Beziehung zu Jesus.

Schaffe in mir, Gott, ein reines Herz.

Psalm 51,12

Zu einem Mönch kam ein gestresster Mann und fragte ihn: »Was für einen Sinn siehst du in der Stille und Einsamkeit?« Der Mönch war gerade dabei, im Klosterhof mit einem Eimer Wasser aus dem Brunnen zu schöpfen. Er antwortete: »Schau in den Brunnen. Was siehst du da?« – »Ich sehe gar nichts«, war die Antwort. Nach einer Weile forderte der Mönch den Besucher nochmals auf, in den Brunnen zu blicken. Als er sich über den Brunnenrand beugte, fragte er ihn: »Was siehst du jetzt?« Der Mann antwortete: »Nun sehe ich mich selbst.« Da sagte der Mönch: »Als ich vorhin schöpfte, war das Wasser unruhig. Jetzt ist es ruhig geworden. Das ist die Erfahrung der Stille: Man sieht sich selbst. Und wenn man mit sich selbst zur Ruhe kommt, sieht man auch die Welt mit ganz anderen Augen – und Gott!«

Geht ihr allein an eine einsame Stätte und ruht ein wenig.

Markus 6,31

Ernst Modersohn erzählt von einer Frau, die einem Prediger ihre Sorgen klagt. Er ermutigt sie, Gott zu vertrauen. Er werde schon einen Weg für sie haben. Aber sie erklärt, aus ihrer Lage gebe es keinen Ausweg. Alle Versuche des Predigers, ihr klarzumachen, dass Gott auch ihren Schwierigkeiten gewachsen sei, scheitern. Die Frau bleibt dabei, dass ihre Sorgen zu groß sind. Da sagt der Prediger: »Das viele Reden hat keinen Zweck. Wir wollen darüber beten. Bitte sprechen Sie mir nach: ›Lieber Herr Jesus Christus, ich danke dir, dass du mich in der Vergangenheit so treu geführt hast. Ich würde dir auch gerne meine Zukunft anvertrauen; aber leider sind meine Schwierigkeiten zu groß. Denen bist du nicht gewachsen. Herr Jesus, ich wollte, du wärst es.‹« Er hält inne, denn die Frau betet nicht mehr mit. »Das kann ich nicht, das wäre ja Lästerung«, meint sie. Der Prediger: »Glauben Sie denn, dass das weniger Lästerung ist, wenn Sie so zu mir sprechen, als wenn Sie so zu Jesus sprechen?!«

Alle eure Sorge werft auf ihn; denn er sorgt für euch.

1. Petrus 5,7

Ein Schiff gerät in einen Sturm und geht unter. Ein Matrose kann sich an eine Planke klammern und wird an den Strand einer kleinen Insel gespült. Täglich bittet er Gott inständig, dass doch ein Schiff kommen möge, das ihn rettet. Immer wieder blickt er aufs Meer hinaus. Doch nichts geschieht. So entschließt er sich, aus dem angeschwemmten Treibholz eine kleine Hütte zu bauen. Es vergehen Wochen und Monate. Mit der Zeit schwindet zunehmend seine Hoffnung auf Rettung. Eines Tages überzieht ein schweres Gewitter die Insel.

Als er von einem Rundgang zurückkommt, sieht er seine Hütte in hellen Flammen. Ein Blitz hat eingeschlagen. Verzweifelt bricht es aus ihm heraus: »Mein Gott, warum tust du mir das an? Bin ich nicht schon genug gestraft?«

Als er am nächsten Morgen erwacht, sieht er am Horizont ein Schiff ankern. Ein Rettungsboot steuert seine Insel an. »Woher wusstet ihr, dass ich hier bin?«, fragt er seine Retter. »Wir haben die Rauchsignale gesehen!«, lautet die Antwort. »Deshalb sind wir vor Anker gegangen!«

Wir wissen aber, dass denen, die Gott lieben, alle Dinge zum Besten dienen.

Römer 8,28

Ein Mütterchen im kommunistischen Russland betete laut um Brot. Ein Parteifunktionär wollte die alte Frau überzeugen, dass Beten unsinnig sei und sagte ihr: »Gott ist tot, aber die Partei hilft dir!« Er schenkte ihr 50 Kopeken. Das Mütterchen nahm das Geld, fiel auf die Knie und betete laut: »Lieber Gott, hab Dank für diesen freundlichen Atheisten, durch den du mein Gebet erhört hast!«

Wer da bittet, der empfängt; und wer da sucht, der findet;
und wer da anklopft, dem wird aufgetan.

Matthäus 7,8

Holy Bible

In einer alten Geschichte überprüft der Teufel seine vor ihm versammelten Mitarbeiter und fragt, ob sie erfolgreich waren. Einer nach dem andern berichtet und schildert seine Arbeitsmethoden. Sie hätten Zweifel ausgesät an der Versöhnungstat Jesu für unsere Sünde, an der Wahrheit der biblischen Aussagen und der Hoffnung auf ein ewiges Leben. Auch hätten sie die Menschen dazu gebracht, nach Geld, Ehre und Macht zu streben und sich schrankenlos auszuleben. Der Teufel hört sich das alles an, stimmt zu, ist aber noch nicht ganz zufrieden, bis einer vortritt und sagt: »Ich habe es ganz anders gemacht. Ich habe den Menschen alles gelassen. Ihren Gottesglauben; ihre Wertschätzung der Bibel, ihre Hoffnung auf ein ewiges Leben. Aber ich habe ihnen immer wieder eingeflüstert: ›Jetzt braucht ihr euch damit noch nicht zu befassen, dafür ist immer noch Zeit.‹« Da springt der Teufel auf und ruft voller Schadenfreude: »Das ist es! So sind uns die Menschen am sichersten, wenn sie ihre Entscheidung aufschieben, bis es zu spät ist.«

Heute, wenn ihr seine Stimme hören werdet,
so verstockt eure Herzen nicht.

Hebräer 3,15

Von Franz von Assisi erzählt man folgende Begebenheit: Eines Tages schlug er einem jungen Mönch vor: »Lass uns heute in die Stadt gehen und den Leuten predigen!« Sie machten sich auf den Weg nach Assisi, gingen durch die Straßen und über den Marktplatz und unterhielten sich dabei über ihre geistlichen Erfahrungen und Erkenntnisse. Erst als sie wieder auf dem Weg nach Hause waren, rief der junge Mönch erschrocken aus: »Aber Vater, wir haben vergessen, den Leuten zu predigen!« Franz legte lächelnd die Hand auf die Schulter des jungen Mannes: »Mein Sohn«, antwortete er, »wir haben die ganze Zeit nichts anderes getan. Wir wurden beobachtet, und Teile unseres Gesprächs wurden mitgehört. Unsere Gesichter und unser Verhalten wurden gesehen. So haben wir gepredigt.« Dann fügte er hinzu: »Merke dir, mein Sohn: Es hat keinen Sinn zu gehen, um zu predigen, wenn wir nicht im Gehen predigen!«

So seht nun sorgfältig darauf, wie ihr euer Leben führt,
nicht als Unweise, sondern als Weise.

Epheser 5,15

Eine Frau ist nach dem Tod ihres Sohnes ganz untröstlich. So geht sie zu einem weisen Mann und fragt ihn: »Wo finde ich Trost?« Er sagt zu ihr: »Bring mir ein Senfkorn aus einem Haus, das niemals Leid kennengelernt hat. Damit werden wir den Kummer aus deinem Leben vertreiben.« Die Frau macht sich auf die Suche. Sie kommt an ein prächtiges Haus, klopft an und bringt ihre Bitte vor: »Ich suche ein Haus, das niemals Leid erfahren hat. Ist hier der richtige Ort?« Doch die Bewohner erzählen all das Unglück, das sich gerade bei ihnen ereignet hat. Die Frau denkt: »Wer kann diesen unglücklichen Menschen besser helfen als ich?!« Sie bleibt und tröstet sie. Danach macht sie sich wieder auf den Weg und sucht weiter ein Haus ohne Leid. Aber wohin sie auch immer kommt, überall begegnet ihr das Leid. Schließlich beschäftigt sie sich nur noch damit, wie sie diese Menschen trösten kann. Auf diese Weise wird der Schmerz aus ihrem Leben verbannt.

Gelobt sei Gott, ... der Gott allen Trostes, der uns tröstet in aller unserer Trübsal, damit wir auch trösten können, die in allerlei Trübsal sind, mit dem Trost, mit dem wir selber getröstet werden von Gott.

2. Korinther 1,3.4

Bei einer Frau hat sich Gott zu Besuch angemeldet. Sie hat sich und ihr Haus auf den göttlichen Besucher vorbereitet. Die Wohnung ist geputzt, das Essen zubereitet, der Tisch gedeckt. Voller Ungeduld wartet die Frau, dass Gott kommt. Im Laufe des Tages klopfen die Nachbarin, ein Kind und ein Bettler an die Haustür dieser Frau. Sie sind in einer Notlage und bitten um Hilfe und Unterstützung. Doch die Frau antwortet jeweils: »Heute kann ich nicht helfen; ich habe keine Zeit; ich erwarte jederzeit Besuch.« Am Abend ist die Frau enttäuscht und missmutig. Das bringt sie auch Gott gegenüber zum Ausdruck, der sie den ganzen Tag vergeblich habe warten lassen. Und Gott antwortet ihr: »Dreimal bin ich an deiner Haustür gewesen. Jedes Mal hast du mich nicht erkannt und wieder weggeschickt!«

Ich kann so auf besondere religiöse Erfahrungen fixiert sein, dass ich im Alltag total vergesse, dass Gott mir in meinem Nächsten begegnet, und nicht selten ist es der unscheinbare, vielleicht auch unsympathische Mensch, durch den Gott meine Liebe auf die Probe stellt.

Wer jemanden aufnimmt, den ich senden werde, der nimmt mich auf.

Johannes 13,20

Es war im Jahre 1741. Seit Tagen hatte Georg Friedrich Händel wieder mit seinen ruhelosen nächtlichen Spaziergängen begonnen. In seinem Gemüt stritten Hoffnung und Verzweiflung widereinander. Die Gunst der vornehmen englischen Welt hatte sich von ihm abgewandt. Bittere Not war über ihn gekommen. Er verstand Gott und die Welt nicht mehr. Der schöpferische Funke schien erloschen. Er fühlte sich alt und lebensmüde. Als er nach Hause kam, lag ein dickes Paket vor seiner Tür. Er öffnete es. »Ein geistliches Oratorium«, lautete die Überschrift. Widerwillig begann er zu lesen. Je mehr er las, desto mehr wurde er von dem Text angesprochen: »Er vertraute Gott … Gott ließ seine Seele nicht in der Hölle … Er wird dir Ruhe geben.« Die Worte nahmen Gestalt an, als Händel weiterlas: »Ich weiß, dass mein Erlöser lebt.« Wunderbare Klänge entstanden in seinem Kopf. Händel fing an zu schreiben. Er arbeitete fast ohne Ruhe und Nahrung. Dann lag die Partitur des »Messias« fertig vor ihm. Neu war in seinem Herzen die Gewissheit: »Gott, der Herr, regiert allmächtig … auf immer und ewig.«

Aber ich weiß, dass mein Erlöser lebt.

Hiob 19,25

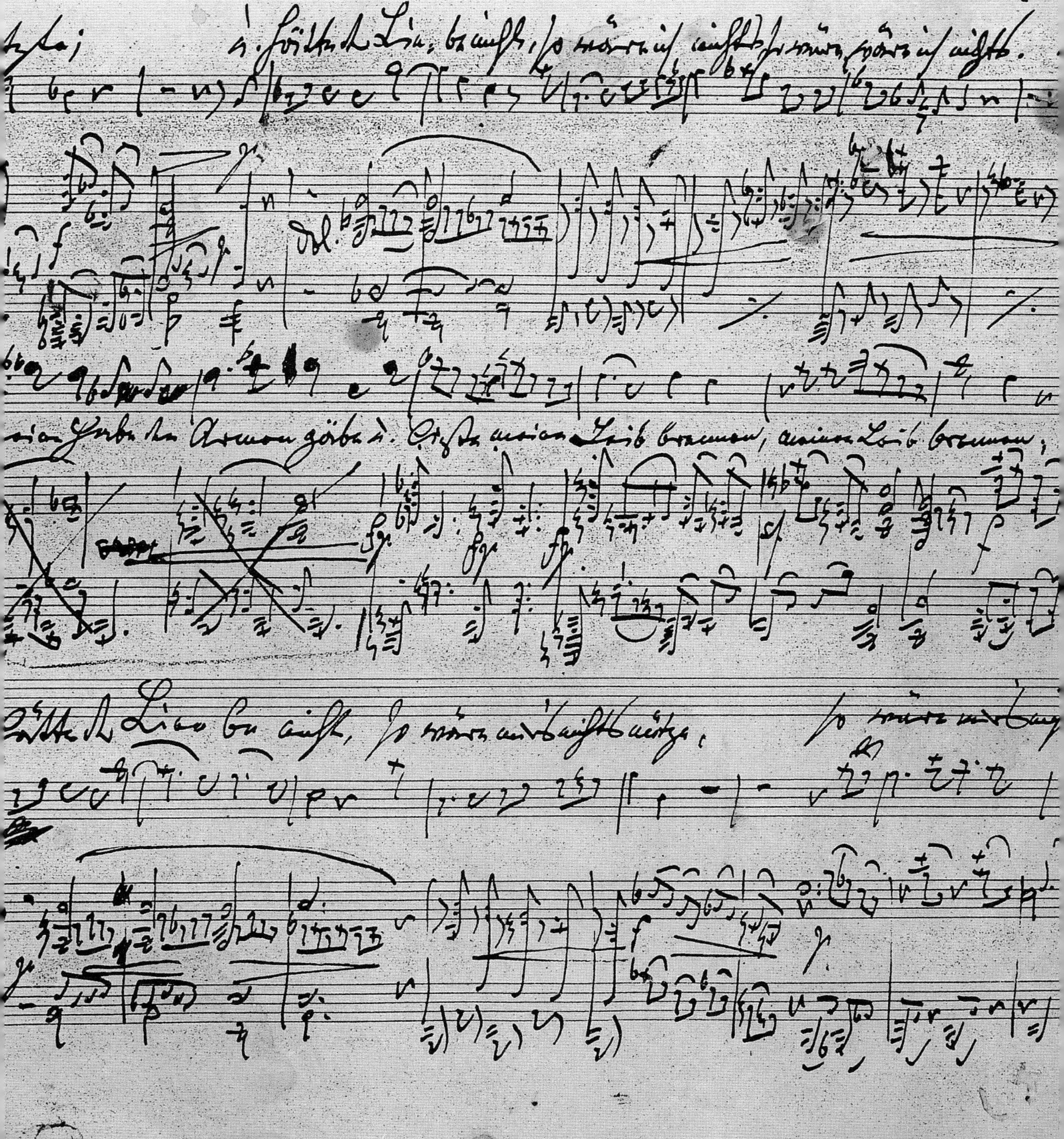

Die Wahrheit zog traurig durchs Land: »Die Menschen haben Sehnsucht nach mir. Aber, wenn ich komme und durch ihre Straßen gehe, bekommen sie Angst und flüchten in ihre Häuser.« Eines Tages traf die Wahrheit die Liebe. Sie war in ein buntes, warmes Kleid gehüllt und die Leute liefen ihr nach und luden sie zu sich in ihre Häuser ein. Die Liebe sah die Wahrheit so traurig und verbittert stehen und sprach sie an: »Sage mir, gute Freundin, warum bist du so betrübt?« – »Ach, es geht mir nicht gut«, antwortete die Wahrheit. »Ich bin alt, und die Leute wollen mich nicht in ihr Leben lassen.« – »Nicht weil du alt bist, mögen dich die Leute nicht leiden. Ich bin auch sehr alt, und die Menschen lieben mich immer noch. Du bist den Menschen unheimlich, weil du so nackt bist. Kleide dich mit meiner Wärme und Farbenpracht. Lege um deinen Schatz der Wahrheit den Mantel der Liebe, und die Menschen werden dich willkommen heißen. Die nackte Wahrheit ist für die Menschen ebenso furchtbar wie die unehrliche Liebe. Wir beide brauchen einander.«

Wenn ich die Liebe nicht hätte, so wäre ich nichts.

1. Korinther 13,2

Der Maler Ludwig Richter erzählt von einer Begegnung mit einem holländischen Steuermann. Dessen Schiff war untergegangen. Nun ist er unterwegs von Triest nach Amsterdam zu seiner Familie. Im Gespräch mit Ludwig Richter erwähnt er: »Es ist mir schlecht ergangen, aber ich habe einen Reisegefährten, der mir ein großer Trost ist und mit dem ich fröhlich meine Straße ziehen kann.« Der andere ist verwundert, denn er sieht diesen Reisegefährten nicht. Darum erwidert er: »Da seid ihr zu beneiden. Wer ist denn Euer Reisegeselle?« – »Das ist Gott«, antwortet der Steuermann. »Mit ihm kann ich reden, wenn ich will, und er antwortet mir in seinem Wort.« Ludwig Richter sieht den Steuermann fragend an. Der zieht eine kleine Bibel aus seiner Jacke und zeigt sie ihm mit großer Freude. Der Maler erzählt weiter, dass ihm diese Begegnung zum Segen geworden sei, weil sie ihn ermutigt habe, selbst wieder mehr in der Bibel zu lesen.

Dein Wort ist meines Herzens Freude und Trost.

Jeremia 15,16

John Wesley, der Gründer der Methodistenkirche, war von einer Evangelisationsveranstaltung auf dem Weg nach Hause, als er überfallen wurde. Der Räuber fand nur einige Bücher und ein paar Münzen. Als er davonlief, schrie Wesley ihm laut nach: »Halt! Ich habe noch etwas viel Besseres für dich, mein Freund. Vielleicht wirst du diese Art zu leben eines Tages bereuen. Dann erinnere dich daran: ›Das Blut Christi reinigt uns von allen Sünden!‹« Der Dieb rannte davon und Wesley betete noch, dass diese Worte Frucht trügen. Jahre später stand Wesley an einem Sonntag an der Kirchentür, um die Besucher zu verabschieden, als plötzlich ein wildfremder Mann auf ihn zukam. Wie überrascht war Wesley, als sich herausstellte, dass es sich um den Mann handelte, der ihn damals beraubt hatte. Er hatte sich inzwischen zu Jesus bekehrt und war ein tüchtiger Geschäftsmann geworden. »Daran sind Sie schuld!«, sagte der veränderte Mann. »Nein, mein Freund«, erwiderte Wesley, »nicht ich, sondern das Blut Christi, das uns von allen Sünden reinigt.«

Das Blut Jesu, des Sohnes Gottes, macht uns rein von aller Sünde.

1. Johannes 1,7

Opherus suchte den mächtigsten Herrn der Welt. Ihm wollte er dienen. Zunächst trat er in den Dienst eines mächtigen Königs. Aber bald merkte er, dass dieser den Teufel fürchtete. So begab er sich in den Dienst des Teufels. Doch der wich dem Kreuz Christi aus und gestand, dass er sich davor fürchte. Opherus suchte weiter. Dabei begegnete er einem Eremiten. Ihn fragte er: »Was muss ich tun, um Christus zu finden?« – »Fasten«, war die Antwort. »Unmöglich«, meinte Opherus, »schau meine Arme an mit ihrer Kraft.« – »Siehst du den Fluss?«, fragte ihn der Einsiedler. »Trage die Reisenden von einem Ufer zum anderen. Du musst mit aller Kraft den Menschen dienen. So wirst du Christus finden.« Opherus tat es. In einer stürmischen Nacht trug er dann ein Kind durch das Wasser. Am anderen Ufer sagte er erschöpft: »Es war, als wenn ich die ganze Welt auf den Schultern getragen hätte.«

Da antwortete das Kind: »Du hast den Schöpfer der Welt getragen.« Seitdem trägt Opherus den Namen Christopherus, zu Deutsch: Christusträger!

Einer trage des andern Last, so werdet ihr das Gesetz Christi erfüllen.

Galater 6,2

Im Bamberger Dom ist ein Steinbild vom Jüngsten Tag zu sehen. Der Gerichtsengel hält eine Waage in seiner Hand. Auf der einen Waagschale liegen die Bücher, in denen offensichtlich alles Unrecht des im Gericht stehenden Menschen verzeichnet ist. Kleine Teufelchen haben sich an die Waagschale gehängt und versuchen, sie zu ihren Gunsten herunterzuziehen. Aber trotz aller Mühe schaffen sie es nicht, obwohl die andere Waagschale keine aufgetürmten Gewichte enthält. Was liegt in ihr? Was ist in der Lage, die Schuldbücher aufzuwiegen? Wer näher herantritt, findet in ihr einen kleinen unscheinbaren Abendmahlskelch. Mehr nicht! Aber welch ein herrlicher Lobpreis der Gnade Gottes ist das: Wir sind von Gott angenommen durch das Blut Christi. Wir haben tatsächlich von uns aus nichts aufzuweisen, was unsere Schuldschale im Gericht senken könnte.

Christus machte Frieden durch sein Blut am Kreuz.

Kolosser 1,20

Ein Gelehrter fasste einst an einem Abend einen wichtigen Entschluss. Da die Erde voller Streit und Leid ist, beschloss er, gleich am nächsten Tag damit zu beginnen, die ganze Welt zu verbessern. Als er nun am nächsten Morgen aufstand, erschien ihm das geplante Projekt doch etwas zu gewagt und er nahm sich vor, nur das Land, in dem er lebte, in Ordnung zu bringen. Alsbald jedoch schien ihm auch dies eine Nummer zu groß. »Vielleicht genügt es ja«, so dachte er, »wenn ich meine Heimatstadt zu einer besseren Ordnung verhelfe. Oder der Straße, in der ich wohne, oder doch wenigstens dem Haus, in dem ich lebe.« Als der Gelehrte einsah, dass es ihm wahrscheinlich nicht einmal gelingen würde, seine Familie zur Besserung zu bewegen, kam er zu der Einsicht: »Ich muss bei mir selbst anfangen!«

Das war eine gute Erkenntnis: Die Welt verändern fängt bei mir selbst an! Doch zur Erkenntnis muss der Entschluss kommen: Ich will es tun! Und sei es nur mit kleinen Schritten: Ich will es tun! Die Erfahrung zeigt: Weniger ist dann oft mehr! Und daher glaubwürdiger. Darum: Fange nie an aufzuhören; höre nie auf anzufangen! Da ist das aufrichtige Gebet hilfreich:

Herr, mein Gott, mit einem willigen Geist rüste mich aus!

Psalm 51,14

Vorbilder haben eine wesentliche Bedeutung. Das erlebe ich bis heute. Neben den langzeitkranken Hörern des Evangeliums-Rundfunks (heute: ERF Medien) gibt es eine weitere Gruppe von Menschen, durch die ich gesegnet wurde. Über drei Jahre schenkte mir im Monat jeweils eine Frau oder ein Mann unter den »Müttern und Vätern in Christus«, die über 80 Jahre alt waren, einen Tag. Ich durfte mich mit ihnen unterhalten, Fragen stellen und zuhören. Daraus ist dann die Sendereihe »Wenn's hoch kommt, so sind's achtzig Jahre« entstanden. Ich denke hier etwa an Lizenziat Hans Brandenburg, den ich auf der »Tannenhöhe« besuchte. Er hatte kein leichtes, aber ein gesegnetes Leben. Ich fragte ihn unter anderem, ob er nie irregeworden sei an Gott. Daraufhin antwortete er mir: »Nein, aber mein Bild von Gott musste ich oft in meinem Leben ändern!« Dieser Satz hat mir in den schweren Wegführungen meines Lebens oftmals geholfen. Er hat mich ermutigt, Gott neu sehen zu lernen und dadurch neue Erfahrungen mit ihm zu sammeln!

Sei den Gläubigen ein Vorbild im Wort, im Wandel, in der Liebe, im Glauben, in der Reinheit.

1. Timotheus 4,12

Ein junger Mann besuchte eines Tages einen Weisen, um ihm Neuigkeiten über einen gemeinsamen Bekannten zu berichten. Kaum hatte er damit begonnen, unterbrach ihn der Weise und fragte ihn: »Mein lieber junger Freund, du bist dabei, mir einiges über unseren Bekannten zu erzählen. Ich bin gespannt, dich zu hören. Doch lass mich dir vorweg ein paar Fragen stellen, die ich für unser Gespräch als sehr wichtig erachte: Hast du deine Worte schon durch die drei Siebe geschüttet, sodass sie geläutert ihren Weg zu meinen Ohren finden?« – »Welche drei Siebe meinst du?«, fragte der junge Mann verwirrt. »Kennst du die drei Siebe nicht?«, fragte der Weise erstaunt. »Da ist zum einen das Sieb der Wahrheit: Bist du ganz sicher, dass das wahr ist, was du mir erzählen willst? Und dann das Sieb der Verantwortung: Wirst du mit deinen Worten nicht unversehens Schaden anrichten? Und als Letztes das Sieb der Liebe: Wirst du mit deinen Worten nicht einem Menschen wehtun? Siehe, diese drei Siebe – Wahrheit, Verantwortung, Liebe – machen unser Reden fruchtbar. Jedes für sich allein ist unvollkommen. In allen dreien zusammen sollen wir unsere Worte prüfen, und was ihnen nicht entspricht, das verschweigen wir lieber.«

Die Weisen halten mit ihrem Wissen zurück;
aber des Toren Mund führt schnell zum Verderben.

Sprüche 10,14

Bei Peter Rosegger lesen wir folgende Geschichte: Ein Bauer verhielt sich überall so, als habe er eine hochgestellte Persönlichkeit neben sich. War er zu Fuß unterwegs, so überließ er den besseren Teil des Weges seinem unsichtbaren Begleiter, während er sich mit dem holprigen Teil zufrieden gab. Saß er zu Tisch, zu Hause oder im Gasthaus, so war der Platz zu seiner Rechten stets leer, aber festlich gedeckt. Er ließ die besten Bissen auf dem Teller des leeren Platzes liegen. Nach der Mahlzeit konnte sich irgendein Hungriger daran satt essen. Die Leute nannten den Bauern den »Zweispännigen«. Fragte man ihn nach dem Unsichtbaren neben ihm, so antwortete er: »ER ist da!« Man wusste, er meinte den Herrn Jesus Christus.

Heute würde man über einen solchen Menschen lächeln, vielleicht sogar spotten. Und doch hat diese Geschichte einen tiefen Sinn, und wenn wir darüber nachdenken, kann sich unsere Einstellung zum eigenen Leben ändern. Rechnen wir mit der Gegenwart Jesu Christi in unserem Alltag – dass er uns ganz konkret zur Seite ist?

Ich bin bei euch alle Tage …

Matthäus 28,20

Herz, Hirn und Zunge kamen überein, keine kleinen Worte mehr zu machen. Das Herz sagte: »Diese kleinen Worte belasten mich nur, sie machen mich weich. Heutzutage muss ein Herz hart sein.« Das Hirn stimmte gerne zu: »Große Gedanken, Behauptungen – das bringt was ein! Die kleinen Worte kosten nur Zeit!« Die Zunge meinte: »Ich spezialisiere mich auf Fremdwörter. Mit den kleinen Worten kann ich mich nicht mehr abgeben.« So schickte das Herz nur noch harte Worte auf die Zunge. Das Hirn produzierte nur noch gescheite Worte, und die Zunge hielt große Reden. Die Welt wurde immer trostloser und kälter. Aber es gab noch ein paar Menschen, die sich an die kleinen Worte erinnerten. Sie begannen, sie aus der Vergessenheit herauszuholen. Zuerst hatten sie Angst, ausgelacht zu werden. Aber siehe da: Mit froher Kraft sprangen die kleinen Worte von Herz zu Herz, von Kopf zu Kopf, von Mund zu Mund, von Zunge zu Zunge und lösten ungeahnte Veränderungen aus. Die Welt wurde erst im Kleinen, dann auch im Großen wieder freundlicher.

Eine linde Zunge ist ein Baum des Lebens;
aber eine lügenhafte bringt Herzeleid.

Sprüche 15,4

Eines Tages sagte das Zündholz zur Kerze: »Ich habe den Auftrag, dich anzuzünden.« – »Oh nein«, erschrak die Kerze, »nur das nicht! Wenn ich brenne, sind meine Tage gezählt. Niemand mehr wird meine Schönheit bewundern.« Das Zündholz sagte: »Aber willst du denn dein Leben lang kalt und hart bleiben, ohne jemals geliebt zu haben?« – »Aber brennen tut doch weh und zehrt an meinen Kräften«, flüsterte die Kerze unsicher und voller Angst. »Es ist wahr«, entgegnete das Zündholz. »Aber das ist doch das Geheimnis unserer Berufung, Licht zu sein. Was ich tun kann, ist wenig. Zünde ich dich aber nicht an, so verpasse ich den Sinn meines Lebens. Ich bin dazu da, Feuer zu entfachen. Du bist eine Kerze. Du sollst für andere leuchten und Wärme schenken. Alles, was du an Schmerz und Leid und Kraft hingibst, wird verwandelt in Licht. Du gehst nicht verloren, wenn du dich verzehrst. Andere werden dein Feuer weitertragen. Nur wenn du dich versagst, wirst du sterben.« Da spitzte die Kerze ihren Docht und sprach voller Erwartung: »Ich bitte dich, zünde mich an!«

Ich bin das Licht der Welt. Wer mir nachfolgt, der wird nicht wandeln in der Finsternis, sondern wird das Licht des Lebens haben.

Johannes 8,12

Bildnachweis:
Cover: Getty Images / srniak
Innenteil: Vor- und Nachsatz: Getty Images / lola1960; S. 1: Getty Images / srniak; S. 5: Getty Images / JaredAlden; S. 6: Getty Images / flavijus; S. 9: Getty Images / cicloco; S. 10: Getty Imges / RomanKhomlyak; S. 12/13: Rosel Eckstein / Pixelio; S. 15: Getty Images / ka2shka; S. 16: Getty Images / Design Pics; S. 19: Getty Images / MaxMaro; S. 20: Getty Images / edoo_medo; S. 22/23: Getty Images / fanjianhua; S. 25: Getty Images / Stockbyte; S. 26: Getty Images / moodboard; S. 29: Getty Images / Peter Zigich; S. 30: Getty Images / RomoloTavani; S. 32/33: Getty Images / KristinaKibler; S. 35: Getty Images / aaron007; S. 36: Getty Images /K-Paul; S. 39: Getty Images / sodapix; S. 40: Getty Images / gavran333; S. 42/43: Getty Images / HyperionPixels; S. 45: Getty Images / AlinaYudina; S. 46: Getty Images / Enskanto

Bibliografische Information der Deutschen Nationalbibliothek
Die Deutsche Nationalbibliothek verzeichnet diese Publikation in der Deutschen Nationalbibliografie; detaillierte bibliografische Daten sind im Internet über http://www.dnb.de abrufbar.

ISBN 978-3-8429-3557-0

Bestell-Nr. 5.123.557

Gestaltung (Umschlag und Innenteil): Ch. Karádi
Gesamtherstellung: Drukarnia Dimograf, Bielsko-Biała, Polen
Printed in the EU 2017

www.media-kern.de